Industrie 4.0 in ländlichen Regionen mit geringer Internetbandbreite

Bibliografische Information der Deutschen Nationalbibliothek:

Die Deutsche Nationalbibliothek verzeichnet diese Publikation in der Deutschen Nationalbibliografie; detaillierte bibliografische Daten sind im Internet über http://dnb.d-nb.de abrufbar.

ISBN: 9783346961303
Dieses Buch ist auch als E-Book erhältlich.

© GRIN Publishing GmbH
Trappentreustraße 1
80339 München

Druck und Bindung: Books on Demand GmbH, Norderstedt Germany
Gedruckt auf säurefreiem Papier aus verantwortungsvollen Quellen

Das vorliegende Werk wurde sorgfältig erarbeitet. Dennoch übernehmen Autoren und Verlag für die Richtigkeit von Angaben, Hinweisen, Links und Ratschlägen sowie eventuelle Druckfehler keine Haftung.

Das Buch bei GRIN: https://www.grin.com/document/1407963

FOM Hochschule für Oekonomie & Management Essen

Standort Frankfurt am Main

Berufsbegleitender Studiengang:

Projektmanagement & IT-Grundlagen

6. Semester

Industrie 4.0 in ländlichen Regionen mit geringer Internetbandbreite

Inhaltsverzeichnis

Abbildungsverzeichnis...III

Abkürzungsverzeichnis IV

1 Einleitung... 1

  1.1 Problemstellung und Forschungsfrage 1

  1.2 Zielsetzung des Scientific Essay 1

2 Begriffliche Grundlagen 1

  2.1 Industrie 4.0.. 1

  2.2 Digitalisierung.. 2

  2.3 Internetbandbreite und Breitband... 2

  2.4 Ländliche Regionen in Deutschland 2

3 Aktuelle Situation des Breitbandausbaus in Deutschland.................... 3

  3.1 Ausbauzustand 3

  3.2 Probleme und Herausforderungen des Ausbaus............................. 4

  3.3 Spezielle Herausforderungen für den ländlichen Raum.................... 5

  3.4 Möglichkeiten und Maßnahmen zur Erreichung der Ausbauziele.............. 5

4 Industrie 4.0 in der Zukunft und Lösungsansätze 7

  4.1 Telemedizin (E-Health).. 7

  4.2 E-Learning.. 7

  4.3 Farming 4.0 8

  4.4 Selbstfahrende Autos.. 8

  4.5 Digitale Zentren und Telearbeit 8

5 Kritische Betrachtung.. 10

6 Zusammenfassung und Ausblick 10

  6.1 Zusammenfassung und Fazit.. 10

  6.2 Ausblick 11

Literaturverzeichnis.. 12

Abbildungsverzeichnis

Abbildung 1: Regionstypen Stadt- und Landkreise..3

Abkürzungsverzeichnis

EU	–	Europäische Union
FTTB	–	Fibre to the Basement
FTTC	–	Fibre to the Curb
FTTH	–	Fibre to the Home
Mbit/s	–	Megabit pro Sekunde
NGA	–	Next Generation Access
ÖPNV	–	Öffentlicher Personennahverkehr
WLAN	–	Wireless Local Area Network

1 Einleitung

1.1 Problemstellung und Forschungsfrage

Das Breitbandinternet spielt eine immer größere Rolle. In Werbeanzeigen ist inzwischen von 5G zu lesen und auch die digitalen Technologien der Industrie 4.0, wie autonom fahrende Autos, Homeoffice und Videokonferenzen sowie internetbasierte persönliche Assistenten, schreiten unaufhaltsam voran. Gerade die Coronapandemie hat diese Entwicklung beschleunigt. Der Breitbandausbau ist in Zeiten der Digitalisierung maßgebend für den Erhalt, die Schaffung und die Bindung von Arbeitsplätzen sowie für Unternehmensgründungen und die Vernetzung mit der Industrie 4.0.[1]

Doch gerade in ländlichen Regionen ist das Breitbandinternet bislang nur unzureichend ausgebaut und es entstehen dadurch Standortnachteile.[2] Es stellt sich die Frage, welche Maßnahmen und Möglichkeiten erforderlich und empfehlenswert sind, um Industrie 4.0 im ländlichen Raum zu etablieren?

1.2 Zielsetzung des Scientific Essay

Das Ziel dieser wissenschaftlichen Ausarbeitung ist es darzulegen, welche Herausforderungen der Breitbandausbau und die Einführung der Anwendungen der Industrie 4.0 im ländlichen Raum mit sich bringen. Außerdem werden Maßnahmen und Möglichkeiten aufgezeigt, wie dieser Herausforderung begegnet werden kann.

2 Begriffliche Grundlagen

2.1 Industrie 4.0

Industrie 4.0 beschreibt die vierte industrielle Revolution, bestehend aus den Grundprinzipien Selbststeuerung, Autonomie, Echtzeitfähigkeit und Vernetzung.[3] Hierbei sind alle an der Wertschöpfung beteiligten Bereiche und Prozesse miteinander vernetzt. Industrie 4.0 steht entgegen der vergangenen drei industriellen Revolutionen auch im

---

[1] Vgl. *Burstedde, A., Werner, D.*, Binnenwanderung und regionale Arbeitsmärkte, 2019, S. 165.
[2] Vgl. *Büllingen, F.*, Entwicklungsperspektiven Breitbandversorgung, 2010, S. 72.
[3] Vgl. *Domma, P., Ochs, T., Uhl, A.*, Strategische Analyse, 2019, S. 21.

Zusammenhang mit dem digitalen Wandel von Dienstleistungen sowie Produkten und ist nicht ausschließlich auf den Produktionssektor beschränkt.[4]

2.2 Digitalisierung

Die Digitalisierung beschreibt eine technologische Entwicklung, bei der analoge Güter in digitale Formate umgewandelt werden. So werden amtliche Akten beispielsweise digitalisiert. Die Bezeichnung wird ebenso im Zusammenhang mit dem digitalen Wandel, der digitalen Revolution und Transformation angewendet.[5]

2.3 Internetbandbreite und Breitband

Internetbandbreite bedeutet die zur Datenübertragung zur Verfügung stehende Geschwindigkeit. Die Messung erfolgt mittels der Datenmenge per Zeiteinheit, welche über das Netz transportiert und gewöhnlich in Megabit pro Sekunde (Mbit/s) angegeben wird. Ein Breitbandnetz, auch „Next Generation Access" (NGA) genannt, besteht nach der EU-Kommission bei Übertragungsgeschwindigkeiten zwischen 30 Mbit/s und 100 Mbit/s oder mehr. Hochgeschwindigkeitsinternet wird unter anderem für Internetfernsehen, Videokonferenzen und -übertragungen benötigt.[6]

2.4 Ländliche Regionen in Deutschland

Der ländliche Raum kennzeichnet sich durch eine geringe Dichte der Bevölkerung, einen großen Anteil an Wald- und Landwirtschaftsflächen und eine relativ weite Entfernung zu größeren Städten und Ballungsgebieten.[7] Bezogen auf Deutschland leben ca. 22 % der Einwohner (18 Mio. Menschen) in ländlichen Regionen. Diese sind auf Abbildung 1 in gelb dargestellt.[8]

---

[4] Vgl. *Klippert, M., Marthaler, F., Spadinger, M., Albers A.*, Industrie 4.0, 2020, S. 80.
[5] Vgl. *Merlin, C., Bickert, M.*, Digitalisierung und ländliche Räume, 2020, S. 81.
[6] Vgl. *Arnold, M., Neumann, F., Pavel, Dr. F., Weber, K.*, Schnelles Internet, 2016, S. 23.
[7] Vgl. *Merlin, C., Bickert, M.*, Digitalisierung und ländliche Räume, 2020, S. 81.
[8] Vgl. *Williger, B., Wojtech, A.*, Digitalisierung im ländlichen Raum, 2018, S. 4.

Abbildung 1: Regionstypen Stadt- und Landkreise

Regionstypen

Stadt- und Landkreise
- städtische Region
- Regionen mit Verstädterungsansätzen
- ländliche Regionen

Quelle: *Williger, B., Wojtech, A.*, Digitalisierung im ländlichen Raum, 2018, S. 4

3 Aktuelle Situation des Breitbandausbaus in Deutschland

3.1 Ausbauzustand

Bei der Verfügbarkeit von Breitbandinternet in Deutschland ($\geq$ 50 Mbit/s) sind Unterschiede sowohl zwischen einzelnen Regionen und Bundesländern als auch zwischen städtischen und ländlichen Gemeinden erkennbar. Während Ende 2019 in den drei Stadtstaaten Bremen, Hamburg und Berlin sowie dem Saarland mehr als 96 % der Anschlüsse über

Breitbandinternet verfügen, liegen die ostdeutschen Bundesländer durchgehend unter 89 %, Sachsen-Anhalt unter 79 % und Mecklenburg-Vorpommern unter 77 %.[9] Die ländlichen Gemeinden in Deutschland verzeichneten zum selben Zeitpunkt ca. 73 % Breitbandanschlüsse, wobei dieser Anteil seit 2012 (8 %) kontinuierlich steigt,[10] wenngleich er sich von urbanen Gebieten unterscheidet (> 97 %).[11] Das von der Bundesregierung formulierte Ziel, bis 2018 eine flächendeckende Breitbanddeckung mit 50 Mbit/s zu erreichen, wurde somit verfehlt.[12]

3.2 Probleme und Herausforderungen des Ausbaus

Die Probleme beim Breitbandausbau sind Geschwindigkeit, Finanzierung und Flächendeckung. Für private Anbieter ist es in ländlichen Gebieten aufgrund des höheren Investitionsaufwands, im Vergleich zu städtischen Räumen, nicht wirtschaftlich.[13] Dies stellt insbesondere für Deutschland ein Problem dar, da ein erheblicher Anteil der Bevölkerung im ländlichen Raum lebt, weshalb die Ausbaukosten größer sind, als in vergleichbaren Ländern.[14] Für den Ausbau werden vor allem Anschlüsse verwendet, die leitungsgebunden sind, insbesondere Glasfaser. Die Kosten pro Kilometer liegen dafür bei ca. 50.000 €. Durch die größeren Distanzen und geringere Bevölkerungsdichte ist der Ausbau im ländlichen Raum kostspielig.[15]

Ebenso wichtig ist die Zahlungsbereitschaft der Kunden sowie die prognostizierte Nachfrage. Diese Elemente sind von der Erreichbarkeit von Onlinediensten abhängig und daher unmittelbar mit dem Breitbandausbau verknüpft.[16] Im ländlichen Raum ist eine geringere Zahlungsbereitschaft und Nachfrage von Unternehmen und Bürgern vorhanden als in Ballungsgebieten.[17]

Eine weitere Herausforderung liegt in der Schnelligkeit der Digitalisierung und dem damit verbundenen erhöhten Datenvolumen. Prognosen zufolge sind 50 Mbit/s für datenintensive Anwendungen der Industrie 4.0 nicht mehr ausreichend und müssen angepasst

[9] Vgl. *Statista*, verfügbares Breitbandinternet nach Bundesländern, 2020.
[10] Vgl. *Statista*, verfügbares Breitbandinternet in ländlichen Gemeinden, 2020.
[11] Vgl. *Statista*, verfügbares Breitbandinternet in städtischen Gemeinden, 2020.
[12] Vgl. *Ilgmann, C.*, Breitbandausbau in Deutschland, 2019, S. 123.
[13] Vgl. *Kollmann, T., Schmidt, H.*, Deutschland 4.0, 2016, S. 122.
[14] Vgl. *Eschweiler, W.*, flächendeckende Glasfaserinfrastruktur, 2016, S. 9.
[15] Vgl. *Arnold, M., Neumann, F., Pavel, Dr. F., Weber, K.*, Schnelles Internet, 2016, S. 26.
[16] Vgl. *Eschweiler, W.*, flächendeckende Glasfaserinfrastruktur, 2016, S. 9.
[17] Vgl. *Williger, B., Wojtech, A.*, Digitalisierung im ländlichen Raum, 2018, S. 9.

werden.[18] Dies bedeutet, das Internet muss sowohl überall verfügbar sein als auch ausreichend Datenvolumen gewährleisten.[19]

3.3 Spezielle Herausforderungen für den ländlichen Raum

Da ländliche Regionen zunehmend vom demografischen Wandel betroffen sind, einhergehend mit sinkenden Einwohnerzahlen und Fachkräftemangel, wird dem Breitbandausbau eine bedeutende Rolle zuteil. Diese Art der Infrastruktur stellt einen großen Faktor für die Wirtschaftssituation im ländlichen Raum dar. Studien belegen, dass vermehrte Internetnutzung mit Wirtschaftswachstum einhergeht. Somit kann der Breitbandausbau die Wirtschaftssituation ländlicher Räume stärken.[20] Außerdem verhindert es die Entstehung von Wettbewerbsnachteilen für Unternehmen, ermöglicht die Nutzung der Anwendungen der Industrie 4.0 und bildet eine wichtigen Standortfaktor.[21]

Ohne ausreichenden Breitbandzugang siedeln sich keine neuen Unternehmen an und bestehende verlassen die Region oder müssen schließen. Es ist keine Telearbeit möglich, aufgrund dessen die Vereinbarkeit von Familie und Beruf schwieriger wird. Auch die Bereiche Telemedizin, Schulen und virtueller Konsum sind betroffen und nur eingeschränkt nutzbar, unter anderem durch nicht abrufbare Onlinedienste. Gerade diese Anwendungen sind in ländlichen Regionen hilfreich, um größere Distanzen ausgleichen zu können. Wird der Breitbandausbau vernachlässigt, entsteht eine Abwärtsspirale, da nach den Unternehmen auch qualifizierte und junge Fachkräfte die Region verlassen. Infolgedessen steigt das Durchschnittsalter der Bevölkerung, die Wirtschaftskraft sinkt und Immobilienwerte fallen, was wiederum die Alterssicherung der Bewohner bedroht und die Abwärtsspirale verstärkt.[22]

3.4 Möglichkeiten und Maßnahmen zur Erreichung der Ausbauziele

Um den Breitbandausbau im ländlichen Raum flächendeckend zu erreichen, sind lokale Ausbaustrategien erforderlich. Sie sind auf Gemeinden zugeschnitten und werden von diesen vorangetrieben, indem sie zusammen mit Unternehmen die Infrastruktur

[18] Vgl. *Kollmann, T., Schmidt, H.*, Deutschland 4.0, 2016, S. 6.
[19] Vgl. *Bischoff, Dr. J. et al.*, Potenziale Industrie 4.0, 2015, S. 161-162.
[20] Vgl. *Williger, B., Wojtech, A.*, Digitalisierung im ländlichen Raum, 2018, S. 10.
[21] Vgl. *Demary, V., Obermüller, F., Puls, T.*, Zukunft der Regionen in Deutschland, 2019, S. 225.
[22] Vgl. *Arnold, M., Neumann, F., Pavel, Dr. F., Weber, K.*, Schnelles Internet, 2016, S. 15-17.

ausbauen.[23] Auch der Staat unterstützt den Ausbau und die Kommunen unter anderem durch das Breitbandförderprogramm in ländlichen Regionen, welches sich auf 4 Mrd. € beläuft. Für Glasfasernetze in Gewerbegebieten werden 350 Mio. € bereitgestellt.[24] Neben der Glasfasertechnologie, die von vielen Seiten favorisiert wird, gibt es andere Möglichkeiten, wie z. B. Vectoring, einer Aufstockung von Kupferleitungen. Durch sie sind kurzfristige Steigerungen der Bandbreiten im Telekommunikationsnetz möglich, bevor der Glasfaserausbau vollständig abgeschlossen ist. Mit den vorhandenen Kupferkabeln können durch diese Technologie schätzungsweise 100 Mbit/s erreicht werden.[25] Kabellose Lösungen über Satellit sind weniger geeignet, da sie nur 10 Mbit/s gewährleisten und störungsanfällig sind. Bei der WLAN-Technologie liegt der Nachteil in der Verteilung. Alle teilen sich eine Bandbreite, weshalb diese Technologie nicht für große Flächen geeignet ist. Bei der Glasfasertechnologie ist zu unterscheiden zwischen „Fibre to the Curb" (FTTC), einem Glasfaseranschluss am Straßenverteiler, „Fibre to the Basement" (FTTB), einem im Haus und „Fibre to the Home" (FTTH), einem in der Wohnung. Geringere Entfernungen zum Glasfaserkabel ermöglichen höhere Geschwindigkeiten.[26]

Langfristig gibt es keine geeignetere Alternative zu Glasfaser, da es Übertragungsgeschwindigkeiten von 500 Mbit/s und mehr garantiert. Dies wiederum stellt für Industrie 4.0 eine Grundlage dar. Der Breitbandausbau hin zu 5G sollte an der Wirtschaft und den Unternehmen ausgerichtet sein. Sie nutzen als erste die Anwendungen der Industrie 4.0. Im internationalen Vergleich kann die Bundesrepublik einen Wettbewerbsvorteil erzielen, sollte diese Strategie verfolgt werden. Dabei muss sich auf alle Regionen Deutschlands konzentriert werden, um Unternehmen in ländlichen Regionen nicht zu benachteiligen.[27]

Kommunen können unterstützend wirken, indem sie die Digitalisierung forcieren und digitalisierungsgestützte Dienste anbieten. Das wiederum steigert den Nutzen vom

---

[23] Vgl. *Arnold, M., Neumann, F., Pavel, Dr. F., Weber, K.*, Schnelles Internet, 2016, S. 8.

[24] Vgl. *Bär, D.*, Digitalnation, 2016, S. 4.

[25] Vgl. *Falck, O., Mazat, A.*, Breitbandausbau in Deutschland, 2016, S. 26-27.

[26] Vgl. *Arnold, M., Neumann, F., Pavel, Dr. F., Weber, K.*, Schnelles Internet, 2016, S. 23.

[27] Vgl. *Demary, V., Obermüller, F., Puls, T.*, Zukunft der Regionen in Deutschland, 2019, S. 226-227.

Breitbandausbau und somit auch die Zahlungsbereitschaft, was den Infrastrukturausbau refinanziert.[28]

4 Industrie 4.0 in der Zukunft und Lösungsansätze

4.1 Telemedizin (E-Health)

E-Health, auch Telemedizin genannt, bezeichnet die ortsunabhängige Verwendung von digitaler Technik im Gesundheitssektor. Sie ist Teil der Industrie 4.0 und dient der Fernbehandlung, -diagnose und -überwachung von Patienten durch Pflege- und Gesundheitspersonal.[29] Gerade im ländlichen Raum werden die Anwendungen von E-Health bedeutender, da viele Hausarztpraxen schließen, das Durchschnittsalter der Bevölkerung steigt und damit die Anzahl der Pflegebedürftigen. Das Problem der eingeschränkten Mobilität wird gelöst und Patienten können kostengünstiger sowie zeitsparender behandelt werden, wenngleich es keinen vollständigen Ersatz der lokalen Behandlung darstellt.[30]

Die Schweiz ist ein Vorreiter der E-Health-Anwendungen. Bereits seit 2000 stellt der Anbieter *Medgate* für das gesamte Land telemedizinische Dienste zur Verfügung. Diese Zentren kooperieren mit Apotheken, sind durchgehend erreichbar und bieten Online-Sprechstunden mit Ärzten an. So können Bilddiagnosen, Behandlungspläne, Atteste oder Rezeptausstellungen per E-Mail erfolgen. Bezogen auf Deutschland ist dieses Modell gegenwärtig nur teilweise umsetzbar, da eine reine Fernbehandlung in Deutschland gesetzlich verboten ist.[31]

4.2 E-Learning

Je niedriger der Bildungsgrad, desto höher ist die Wahrscheinlichkeit, dass Berufe künftig automatisiert werden. Umso wichtiger sind Weiterbildungen, welche unter anderem durch E-Learning ermöglicht werden.[32] Im ländlichen Raum, in dem es wenige Weiterbildungsmöglichkeiten und Hochschulen gibt, bietet E-Learning die Gelegenheit, ortsunabhängig und zeitlich flexibel zu lernen. Die Lerninhalte werden digital vermittelt und

---

[28] Vgl. *Knauth, P.*, Gigabitnetze, 2016, S. 7.

[29] Vgl. *Kollmann, T., Schmidt, H.*, Deutschland 4.0, 2016, S. 102.

[30] Vgl. *Williger, B., Wojtech, A.*, Digitalisierung im ländlichen Raum, 2018, S. 14-15.

[31] Vgl. *Arnold, M., Neumann, F., Pavel, Dr. F., Weber, K.*, Schnelles Internet, 2016, S. 56.

[32] Vgl. *Kollmann, T., Schmidt, H.*, Deutschland 4.0, 2016, S. 163.

8

das Studium kann größtenteils online durchgeführt werden. Aufgrund dessen kann eine Abwanderung junger Erwachsener in die Ballungsgebiete eingedämmt werden.[33]

4.3 Farming 4.0

Farming 4.0 bietet eine Möglichkeit, die Ernteerträge und die Effizienz zu erhöhen. Durch sie sind schätzungsweise Steigerungen zwischen 79 % und 148 % möglich. Bereits heute nutzen ca. 20 % der Betriebe in der Landwirtschaft Anwendungen der Industrie 4.0.[34] Es ermöglicht Landwirten Klima- und Wetterdaten sowie Satellitenbilder zu nutzen, um Schädlinge effizient mit Pflanzenschutzmitteln frühzeitig zu bekämpfen. Ebenso sind intelligente Bewässerungssysteme im Einsatz, welche nur wässern, wenn es notwendig ist.[35]

4.4 Selbstfahrende Autos

Selbstfahrende Autos sorgen dafür, dass weniger Fahrzeuge benötigt werden, da Carsharing vereinfacht wird. Ein Auto kann so nahezu die gesamte Zeit ausgelastet werden. Außerdem verursachen autonom fahrende Fahrzeuge weniger Unfälle und bieten für die ländliche Bevölkerung, in Regionen mit wenig ÖPNV, mehr Mobilität. So können auch ältere Personen die Fahrzeuge nutzen.[36]

4.5 Digitale Zentren und Telearbeit

Telearbeit kann die Vereinbarkeit von Beruf und Familie vereinfachen. Dadurch können ländliche Räume attraktiver und die Abwanderung junger Fachkräfte in die Ballungsgebiete verringert werden.[37] Eine Option Telearbeit im ländlichen Raum zu ermöglichen sind Digitale Zentren. Hierbei handelt es sich um in ländlichen Regionen bereitgestellte Büroräume, welche digitale Infrastruktur anbieten. Sie können flexibel genutzt werden und Kommunen sowie Unternehmen unterstützen. Digitale Zentren verfolgen nicht das Ziel, die Gegebenheiten in Ballungsgebieten nachzubilden, sondern sie helfen bei der Anwendung und Einführung neuer Technologien mithilfe des zur Verfügung gestellten Breitbandinternets, überwinden dadurch Marktzutrittshindernisse für Unternehmen, stärken das Image der Region und verbessern die digitale Infrastruktur. Des Weiteren können

---

[33] Vgl. *Williger, B., Wojtech, A.*, Digitalisierung im ländlichen Raum, 2018, S. 13-14.
[34] Vgl. *Lutz, K. J.*, Digitalisierung der Landwirtschaft, 2017, S. 433-434.
[35] Vgl. *Lutz, K. J.*, Digitalisierung der Landwirtschaft, 2017, S. 437.
[36] Vgl. *Kollmann, T., Schmidt, H.*, Deutschland 4.0, 2016, S. 52-57.
[37] Vgl. *Arnold, M., Neumann, F., Pavel, Dr. F., Weber, K.*, Schnelles Internet, 2016, S. 19.

sie zu Unternehmensgründungen beitragen oder Firmen dazu bewegen, Telearbeitsplätze einzurichten. Überdies kann eine Vernetzung und ein Wissensaustausch der verschiedenen Unternehmen am selben Standort entstehen. Der ländliche Raum wird attraktiver und die Abwanderung von Fachpersonal wird verringert.[38]

Ein Telearbeitszentrum, wie in der französischen Region Auvergne, kann ebenfalls auf ländliche Regionen in Deutschland angewendet werden. Dort werden Angestellten und Selbstständigen seit 2005 Büro- und Konferenzräume mit Breitbandanschluss angeboten. Diese können dauerhaft oder temporär gemietet werden und beinhalten jegliches Büroequipment. Außerdem ist ein technischer Support vor Ort und es werden Telearbeit-Schulungen angeboten.[39]

Weitere Vorbilder innerhalb der EU finden sich in Dänemark und Irland. In Brønderslev in Norddänemark gibt es seit 2013 ein digitales Zentrum, mit 100 Mbit/s-Breitbandzugang, einem Fitnessraum sowie Konferenz- und Besprechungsräumen. Es wurde errichtet, um Unternehmen und qualifizierte Personen anzulocken, die nicht standortgebunden sind. Bereits nach eineinhalb Jahren kam es in der Region zu sechs neugegründeten Unternehmen. Insgesamt sind acht Unternehmen in dem Zentrum tätig.[40]

Im Südwesten Irlands, in Skibbereen, besteht seit 2016 ein ähnliches Projekt. Im Zentrum *Ludgate* ist ein 1000 Mbit/s-Breitbandzugang vorhanden. Zudem kann jedes Unternehmen und Haushalte der Region auf Antrag an den Anschluss angebunden werden. Das Zentrum bietet zusätzlich Schulungen zur Digitalisierung an und gründete mit *eStreet* das erste reine Online-Handelsportal in Irland. Es ermöglicht Einzelhändlern eine Erschließung neuer Märkte und eine Umsatzsteigerung durch erhöhte Online-Präsenz. Elf Unternehmen nehmen daran bislang teil. Insgesamt hat das Zentrum 250 Mitglieder, welche auf 25 Unternehmen entfallen. Bereits 15 Mitglieder siedelten sich seitdem in der Umgebung an. Darüber hinaus existiert ein 500.000 €-Gründungsfonds zur Gewinnung von Start-ups in der Region.[41]

---

[38] Vgl. *Rural Network for Rural Development*, Neue Chancen für Unternehmen, 2017, S. 16-22.
[39] Vgl. *Arnold, M., Neumann, F., Pavel, Dr. F., Weber, K.*, Schnelles Internet, 2016, S. 51-52.
[40] Vgl. *Rural Network for Rural Development*, Neue Chancen für Unternehmen, 2017, S. 19.
[41] Vgl. *Rural Network for Rural Development*, Neue Chancen für Unternehmen, 2017, S. 20.

In ländlichen Regionen sind solche Zentren eine Möglichkeit, Arbeitsplätze zu kreieren und zu erhalten. Auch hier ist das Vorhandensein von Breitbandinternet die Voraussetzung. Dann können auch Haushalte davon profitieren.[42]

5 Kritische Betrachtung

In dieser Arbeit wurden vor allem die Probleme, Herausforderungen und erforderlichen Maßnahmen des Breitbandausbaus in ländlichen Regionen Deutschlands sowie die zukünftigen Möglichkeiten der Industrie 4.0 beleuchtet. Eine weitere Möglichkeit wäre die Konzentration auf den ländlichen Raum weltweit. Zudem gibt es noch weitere Anwendungen der Industrie 4.0, wie beispielsweise die intelligenten Sprachsteuerungen oder erneuerbare Energien, verbunden mit dem Klimawandel. Andererseits könnte auch eine verstärkte Fokussierung auf einzelne Aspekte der Digitalisierung erfolgen.

6 Zusammenfassung und Ausblick

6.1 Zusammenfassung und Fazit

Es sind nach wie vor Unterschiede zwischen Stadt und Land erkennbar (Kap. 3.1). Auch wenn der Breitbandausbau in ländlichen Regionen mit höheren Kosten verbunden ist, sollte weiterhin das langfristige Ziel verfolgt werden, das Internet auszubauen, um jedem Menschen überall und jederzeit High-Speed-Internet zur Verfügung stellen zu können. Hier sind sowohl Politik als auch engagierte Menschen und Unternehmen vor Ort gefordert. Andernfalls würde ein Ungleichgewicht und Wohlstandsverlust innerhalb der deutschen Gesellschaft entstehen. Daraus würde sich eine Kettenreaktion mit ungeahnten Folgen für Deutschlands Wirtschaft ergeben (Kap. 3.3). Nach dem Abschluss des Ausbaus muss das Breitband intelligent durch Anwendungen der Industrie 4.0 genutzt werden. Hier eröffnen sich Marktchancen für den ländlichen Raum, wie Kapitel 4 zeigt. Über Digitale Zentren können diese verbreitet werden; Anwendungen der Telemedizin oder Farming 4.0 bieten weitere Potenziale. Der Staat sollte gerade im Bereich Telemedizin gesetzliche Schranken aufheben.

Die Ergebnisse dieser Arbeit zeigen, dass es nicht die eine richtige Maßnahme beim Breitbandausbau und der Etablierung von Industrie 4.0 im ländlichen Raum gibt. Sicher ist

---

[42] Vgl. *Arnold, M., Neumann, F., Pavel, Dr. F., Weber, K.*, Schnelles Internet, 2016, S. 51-52.

jedoch, dass ein schneller Ausbau eine Investition in die Zukunft darstellt und damit die Sicherung von Wohlstand.

6.2 Ausblick

Deutschland befindet sich zwar schon mitten in der Digitalisierung, steht jedoch noch am Anfang eines langen Prozesses. Es wird sich zeigen, ob und vor allem wann die Ziele beim Breitbandausbau erreicht werden, die Industrie 4.0 flächendeckend nutzbar ist und welche Anwendungen den Durchbruch schaffen werden.

12

Literaturverzeichnis

Arnold, Michael; Neumann, Franziska; Pavel, Dr. Ferdinand; Weber, Katharina: Schnelles Internet in ländlichen Räumen im internationalen Vergleich, in: *Bundesministerium für Verkehr und digitale Infrastruktur (BMVI)*, 2016/Heft 5, (S. 1-82), Berlin.

Bär, Dorothee: Der Weg Deutschlands zur Digitalnation, in: *ifo Schnelldienst*, 2016/Heft 20, (S. 3-5), München.

Bischoff, Dr. Jürgen; Taphorn, Christoph; Wolter, Denise; Braun, Nomo; Fellbaum, Dr. Manfred; Goloverov, Alexander; Ludwig, Stefan; Hegmanns, Dr. Tobias; Prasse, Christian; Henke, Prof. Dr. Michael; ten Hompel, Prof. Dr. Michael; Döbbeler, Frederik; Fuss, Emanuel; Kisch, Christopher; Mättig, Ben; Braun, Stefan; Guth, Michael; Kaspers, Mark; Scheffler, Doris: *Erschließen der Potenziale der Anwendung von „Industrie 4.0' im Mittelstand*, Mülheim an der Ruhr, 2015.

Büllingen, Franz: Wie geht es weiter nach DSL? Entwicklungsperspektiven der Versorgung mit Breitband-Internet, in: *Netzwelt – Wege, Werte, Wandel*, 2010, (S. 63-77) Hrsg. Klumpp, Dieter; Kubicek, Herbert; Roßnagel, Alexander; Schulz, Wolfgang, Heidelberg, 2010.

Burstedde, Alexander; Werner, Dirk: Binnenwanderung und regionale Arbeitsmärkte, in: *Die Zukunft der Regionen in Deutschland. Zwischen Vielfalt und Gleichwertigkeit*, 2019, (S. 153-168) Hrsg. Voigtländer, Michael, Köln, 2019.

Demary, Vera; Obermüller, Frank; Puls, Thomas: Infrastruktur als Rückgrat von Regionen, in: *Die Zukunft der Regionen in Deutschland. Zwischen Vielfalt und Gleichwertigkeit*, 2019, (S. 209-235) Hrsg. Voigtländer, Michael, Köln, 2019.

(Deutschland 4.0) Kollmann, Tobias; Schmidt Holger: *Deutschland 4.0. Wie die Digitale Transformation gelingt*, Springer Fachmedien Wiesbaden GmbH, Wiesbaden, 2016.

Domma, Peter; Ochs, Thomas; Uhl, Axel: Strategische Analyse und organisatorische Lösungen für die digitale Transformation eines mittelständischen Unternehmens, in: *Digitalisierung in der Praxis. So schaffen KMU den Weg in die Zukunft*, 2019, (S. 17-35) Hrsg. Uhl, Axel; Loretan, Stephan, Wiesbaden, 2019.

Eschweiler, Wilhelm: Bedeutung des Ausbaus einer flächendeckenden Glasfaserinfrastruktur, in: *ifo Schnelldienst*, 2016/Heft 20, (S. 8-11), München.

European Network for Rural Development: Eine neue Sicht der Chancen für Unternehmen im ländlichen Raum, in: *EU-Magazin ländlicher Raum*, 2017/Heft 24, (S. 1-44), Luxemburg.

Falck, Oliver; Mazat, Andreas: Breitbandausbau in Deutschland: „Need for Speed", in: *ifo Schnelldienst*, 2016/Heft 20, (S. 26-28), München.

Ilgmann, Cordelius: Breitbandausbau in Deutschland: eine strategische Analyse, in: *ZBW – Leibniz-Informationszentrum Wirtschaft*, Heft 2019/2, (S. 119-125),

Klippert, Monika; Marthaler, Florian; Spadinger, Markus; Albers, Albert: Industrie 4.0 – An empirical and literature-based study how product development is influenced by the digital transformation, in: *Elsevier B. V.*, 2020/30, (S. 80-86), Karlsruhe.

Knauth, Peter: Gigabitnetze als Grundlage der Digitalisierung von Wirtschaft und Gesellschaft, in: *ifo Schnelldienst*, 2016/Heft 20, (S. 5-8), München.

Lutz, Klaus Josef: Digitalisierung der Landwirtschaft: Revolution mit evolutionärem Charakter, in: *CSR und Digitalisierung. Der digitale Wandel als Chance und Herausforderung für Wirtschaft und Gesellschaft*, 2017, (429-442) Hrsg. Hildebrandt, Alexandra; Landhäußer, Werner, Berlin, 2017.

Merlin, Cornelius; Bickert, Matthias: Digitalisierung und ländliche Räume – Fördermaßnahmen des BMEL in der ländlichen Entwicklung, in: *zfv*, Heft 2020/2, (S. 80-89).

Williger, Bettina; Wojtech, Annemarie: in: *Digitalisierung im ländlichen Raum. Status Quo & Chancen für Gemeinden*, 2018, (S. 1-21) Hrsg. Pflaum, Alexander; Fischer, Roland, Nürnberg, 2018.

Internetquellen

Statista: *Verfügbarkeit von schnellem Breitbandinternet (≥ 50Mbit/s) für Haushalte in Deutschland nach Bundesland*, 30.09.2020, https://de.statista.com/statistik/daten/studie/418427/umfrage/verfuegbarkeit-von-breitbandinternet-50mbits-nach-bundeslaendern/, Zugriff am 08.12.2020.

Statista: *Verfügbarkeit von schnellem Breitbandinternet (≥ 50Mbit/s) für Haushalte in ländlichen Gemeinden in Deutschland von 2012 bis 2019*, 30.09.2020, https://de.statista.com/statistik/daten/studie/611766/umfrage/verfuegbarkeit-von-schnellem-internet-%25E2%2589%25A5-50mbit-s-in-laendlichen-gemeinden/, Zugriff am 08.12.2020.

Statista: *Verfügbarkeit von schnellem Breitbandinternet (≥ 50Mbit/s) für Haushalte in städtischen Gemeinden in Deutschland von 2012 bis 2019*, 01.10.2020, https://de.statista.com/statistik/daten/studie/611741/umfrage/verfuegbarkeit-von-schnellem-internet-%25E2%2589%25A5-50mbit-s-in-staedtischen-gemeinden/, Zugriff am 08.12.2020.